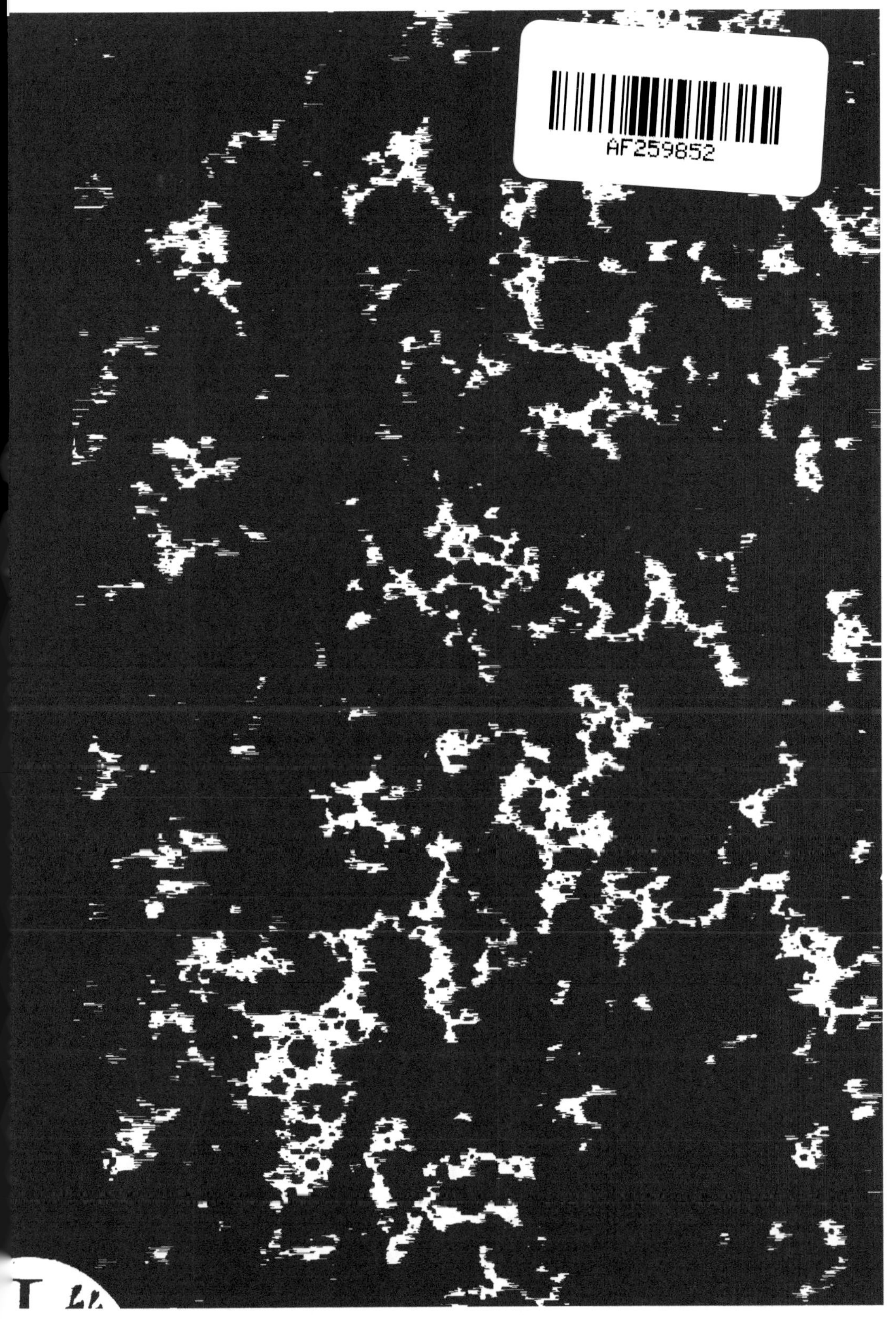
AF259852

DÉFENSE

DE LA

VILLE DE SAINT-DENIS,

CONTRE

une Division de l'Armée Russe,

EN 1814.

À Monsieur le Maire,

Et à Messieurs les Conseillers municipaux

DE LA VILLE DE SAINT-DENIS.

Saint-Denis, le 1ᵉʳ Juillet 1841.

MESSIEURS,

J'ai l'honneur de vous adresser la relation
sommaire des événemens qui se sont passés dans
la ville de Saint-Denis pendant les mois de Février et de Mars 1814. Ces événemens, si honora-
bles pour notre cité, ne doivent pas tomber dans
l'oubli ; ils sont des titres de gloire pour notre

ville en général, et notre brave et digne garde nationale en particulier. J'ai toujours considéré comme étant de mon devoir, en qualité de commandant de notre garde citoyenne à cette époque, de les consigner dans un rapport officiel adressé à l'autorité municipale placée alors à la tête de l'administration de la ville de Saint-Denis. J'avais déjà commencé ce travail, mais la réaction qui suivit la chute de Napoléon, le gouvernement qui lui succéda, et aux yeux duquel tout ce qu'on avait fait pour défendre le sol de la patrie était une aggression à la royauté restaurée, m'avertirent que le moment n'était pas opportun pour remplir ce devoir d'honneur que je m'étais imposé. Je dûs donc attendre des jours plus propices, et me contenter, pour l'instant, de réunir, dans le silence du cabinet, les matériaux d'un rapport qui ne pourait être qu'un acte de justice pour tous.

Aujourd'hui, Messieurs, que nous avons le

bonheur de vivre sous un gouvernement libre, de voir à notre tête un prince qui non-seulement a toujours répudié ces honteuses inimitiés, mais qui a montré hautement ses sympathies pour tout ce qui honore la nation, en consacrant, A TOUTES LES GLOIRES DE LA FRANCE, l'un des plus beaux palais de l'Europe (1), j'ai songé de nouveau à l'accomplissement de mon projet. Cependant, comme il m'a semblé qu'un rapport sur des événemens qui remontent à vingt-sept ans, fait par une personne qui n'a plus aucun caractère public, pouvait paraître hors de propos, j'ai dû modifier la forme d'abord adoptée, et m'arrêter à celle d'une simple relation.

C'est cette relation, Messieurs, que je vous offre aujourd'hui : elle ne contient rien qui ne soit de la plus exacte vérité; j'invoque à cet

(1) Le palais de Versailles. Tout le monde sait qu'au-dessus de la grille d'entrée de la Cour d'honneur, le Roi Louis-Philippe 1er a fait placer cette inscription si belle dans sa simplicité : A TOUTES LES GLOIRES DE LA FRANCE.

égard le témoignage de beaucoup de nos conci-
toyens, qui ont assisté à ces événemens mémorables pour notre cité, et auxquels plusieurs ont
pris une part active. Connaissant vos sentimens
pour tout ce qui intéresse et honore la ville de
Saint-Denis, je ne doute pas que vous n'accueil-
liez ma narration avec faveur, et je m'esti-
merais heureux si vous la jugiez digne d'être
déposée dans vos archives.

Agréez, Messieurs, l'assurance de mon respect et de ma haute considération.

G. Dezobry,

Ancien Commandant de la Garde Nationale.

RELATION SOMMAIRE

DES

Évènemens qui se sont passés dans la Ville

DE SAINT-DENIS,

Dans les mois de Février et de Mars

DE L'ANNÉE 1814.

Les grands revers qu'après vingt ans de triomphes les armées françaises éprouvèrent en Russie et en Allemagne, pendant les années 1812 et 1813, avaient ouvert nos frontières à l'étranger ; Napoléon, luttant, avec une armée affaiblie, contre les innombrables bandes de l'Europe coalisée, fit un appel aux gardes nationales de l'Empire, et tous les citoyens en âge de porter les armes se levèrent pour défendre l'honneur national et le foyer do-mestique. A la voix de l'Empereur, du souverain qui, dans ces circonstances graves, pouvait être regardé comme le représentant de la patrie, la ville de Saint-Denis s'émut aussi ; elle se souvint qu'aux premiers temps de la révolution, sa garde nationale, sous le nom de *volontaires*, avait combattu à Boussu, à Jemmapes (1), à Nerwinde, pour repousser l'ennemi qui avait déjà pénétré en France. Cette garde nationale dispersée, oubliée depuis longtemps, se réorganisa tout-à-coup ; une patriotique ardeur éclata parmi les citoyens, tous vinrent se faire inscrire sur les contrôles, et, le 16 février 1814, notre milice civique était en état de paraître sous les armes. Dès cet instant, elle commença la série des services qu'elle était appelée à rendre.

La faiblesse de l'armée de ligne avait fait dégarnir toutes les places qui n'avaient pas essentiellement besoin de garnison ; Saint-Denis était de ce nombre, on en avait retiré les com-

(1) *Voy.* la lettre **A**, aux notes historiques.

pagnies de vétérans chargées ordinairement de la garde du Dépôt de mendicité, de sorte que tous les postes dans cette maison durent être occupés par la garde nationale. Le service fut fort pénible ; les tours de garde revenaient tous les huit jours, et pourtant personne ne se plaignait ; les citoyens sentaient qu'ils étaient utiles, indispensables, et ils furent admirables de constance et de dévouement.

Cependant, malgré les victoires de l'Empereur, l'ennemi faisait des progrès rapides ; il était déjà au cœur de la France, et presqu'à nos portes, car l'armée française, toujours redoutable et redoutée sur les champs de bataille, était trop inférieure en nombre pour faire face aux populations armées que l'Europe vomissait incessamment sur notre sol. Pendant que Napoléon exécutait une savante manœuvre, qui devait, d'un seul coup, anéantir tous les coalisés, un de leurs corps d'armée lui dérobe une marche, se dirige en hâte sur

Paris, et vient jeter l'épouvante dans cette capitale, qui n'avait pas encore vu le feu d'un bivouac étranger.

Je m'arrête, Messieurs, à cet aperçu des grandes opérations militaires qui attiraient alors toute l'attention de la France et de l'Europe ; il était nécessaire pour l'intelligence de la narration que l'on va lire ; le reste ne serait plus de mon sujet : je ne dois vous entretenir que de la ville de Saint-Denis, et c'est ce que je vais faire maintenant.

On a vu tout-à-l'heure, par ce que nous avons dit de la réorganisation de la garde nationale, que déjà l'on avait prévu le cas où l'invasion viendrait jusqu'à nous. Mais, soit que l'autorité supérieure fut plus confiante dans la fortune et dans le génie de l'Empereur ; soit que ses bonnes intentions eussent été paralysées en partie par l'esprit de tiédeur et d'indifférence dont certains chefs donnèrent alors le coupable exemple, la ville de Saint-Denis, qui devait être

considérée comme une des sentinelles avancées
de Paris, fut à-peu-près oubliée, et abandonnée
à elle-même. Ses habitans puisèrent, en quelque
sorte, une nouvelle énergie dans cet abandon;
et bien que leur cité fût ouverte de toutes parts,
qu'elle n'eût d'autre enceinte que celle de fai-
bles murs clôturant des cours et des jardins,
il fut résolu que l'on se mettrait en état de
défense, non pas pour soutenir un siége régu-
lier, mais au moins pour résister à un coup
de main, pour faire tête aux hordes de ma-
raudeurs et de pillards qui précédaient ou
suivaient les armées ennemies, et causaient
tant de mal aux populations qu'elles trou-
vaient désarmées. Nous avions d'ailleurs un
dépôt sacré à défendre, les cinq cents jeunes
demoiselles enfermées dans la Maison impériale de la Légion-d'Honneur, et que la marche rapide de l'ennemi n'avait pas permis d'é-
loigner du théâtre de la guerre.

Aussitôt qu'on eût pris cette résolution,

dont les chefs de la garde nationale furent les plus ardens promoteurs, un conseil de défense fut organisé; huit personnes le composèrent; on y adjoignit M. Troquet, architecte attaché à la Maison de la Légion-d'Honneur, dont le zèle et les connaissances furent très utiles, et, de concert avec l'autorité civile, les dispositions suivantes furent arrêtées :

Au nord, la chaussée de la route d'Angleterre, élevée sur des marais, sera coupée par une tranchée profonde creusée en arrière des ponts jetés sur le Croult et le Rouillon ; les vastes prairies qui bordent une partie de la ville du côté de l'est, seront inondées, en barrant le cours des petites rivières qui les arrosent, et du côté de la plaine de La Courneuve, les murs du parc de la Légion-d'Honneur feront une seconde ligne de défense.

Au midi (côté de Paris), le Ru de Monfort, quoique gonflé par des batardeaux, n'eût offert qu'une faible défense ; mais, sur une grande étendue, il est bordé ou enveloppé de murs dans lesquels on convient de pratiquer des meurtrières aussi élevées que possible, et d'établir à l'intérieur des échafauds, où des gardes nationaux, à l'abri de la mousquetterie, pourront faire éprouver bien des pertes aux assaillans.

A l'ouest, la Seine nous protégera ; et près du pont de Croult, sur la route de la Briche, seront faites les mêmes dispositions que celles arrêtées pour la chaussée du nord.

Des palissades et des portes en charpente placées aux diverses entrées de la ville, compléteront ce système de défense, avec des cavaliers en terre dominant la plaine, et destinés à recevoir l'artillerie demandée au Ministre de la guerre.

Pour l'exécution de ces mesures, il fallait du fer et du bois en grande quantité : l'avenue Saint-Remy, plantée en vieux ormes, est abattue ; on trouve dans les demi-lunes du Cours

Ragot, les arbres nécessaires au complément de ces palissades : des souscriptions paient le fer. Les ouvriers en fer et en bois s'occupent, sans relâche, des travaux de leur ressort ; des ateliers se forment pour les terrassemens, et chaque habitant vient successivement y travailler. Les chefs les dirigent et les encouragent, et personne ne reste étranger au péril commun. Les travaux, poussés avec vigueur, touchaient à leur fin, lors que des officiers du génie militaire vinrent nous aider de leur savoir, et joindre de nouvelles dispositions à celles déjà exécutées.

Le nombre des fusils était insuffisant ; bien des personnes qui en manquaient s'en procurent à leurs frais. En attendant les munitions, qui devaient nous arriver de jour en jour, on alla enlever une petite provision de poudre qui restait dans les casernes, alors entièrement dégarnies de troupes, et on fit immédiatement confectionner des cartouches.

Les démarches multipliées du commandant de la garde nationale, et sa correspondance active, établissaient des rapports quotidiens avec les autorités militaires de Paris; les promesses les plus rassurantes de secours nous étaient faites, et cependant, malgré nos instances réitérées, à l'approche des plus grands dangers, nous étions encore sans troupes ni canons, et réduits à nos propres forces. Seulement, six chasseurs à cheval du 10ᵉ régiment de ligne avaient été laissés à Saint-Denis pour éclairer les environs.

Le 28 mars, les nouvelles que l'on reçoit ne permettent plus de douter que l'ennemi suit sa marche sur Paris dont il est peu éloigné, et que Saint-Denis est compris dans sa ligne d'opération. Toutes les mesures de précaution sont prises, on double les postes, des patrouilles circulent sans relâche, des éclaireurs sont mis en campagne. L'anxiété est grande, mais la résolution est ferme, et l'esprit excellent; c'est en pareil cas que l'on sent bien que l'union fait la force.

Le 29 mars, au matin, le commandant, vu l'urgence du danger, se rend de nouveau à l'état-major de la place de Paris, pour presser l'envoi des troupes, de l'artillerie et des munitions qu'on lui avait promises; il représente vivement les conséquences fâcheuses que peut avoir un retard si longtemps prolongé. Sa démarche, cette fois, eût un heureux succès : des ordres furent donnés en sa présence , pour satisfaire à ses demandes.

A deux heures, le commandant, de retour, rapporte la nouvelle répandue d'une marche rétrograde de l'ennemi. Mais est on bientôt désabusé, car presqu'au même instant les routes qui conduisent à Saint-Denis sont couvertes d'une foule prodigieuse d'hommes, de femmes et d'enfans accourus des campagnes voisines, fuyant vers Paris, et traînant à leur suite des chevaux, des voitures, des bestiaux de toutes espèces, et tout le mobilier qu'ils ont pû emporter. On essaie d'en inter. roger quelques uns, mais en vain; la terreur les glace, et on ne peut obtenir d'eux aucuns renseignemens. Les rues de la ville ne suffisent plus au passage, c'est un encombrement effrayant; toute cette multitude offrait le spectacle de la consternation et du désespoir. On parvient avec peine à mettre un peu d'ordre dans sa marche, et l'écoulement est long à s'effectuer.

Vers cinq heures, les éclaireurs annoncent quelques groupes de cavaliers ennemis qui s'approchent de la ville, et qu'ils signalent comme Russes. Un morne silence succède au tumulte du passage; on bat la générale, tout le monde court aux armes. La garde nationale, toujours seule, est répartie sur les divers points qui peuvent être attaqués; les portes sont fermées, et la nuit se passe en surveillance.

2

Nous avions reçu, la veille, de Paris, douze mille cartouches, et cet envoi causa d'autant plus de satisfaction, qu'il répondait à notre premier besoin, et annonçait un commencement d'exécution des promesses qui nous avaient été faites. L'effet moral qu'il produisit fut très bon.

Le 30 mars, à quatre heures du matin, nous reçûmes de Vincennes une compagnie d'artilleurs et six pièces de canon de quatre livres de calibre. Les pièces n'avaient d'autres munitions que celles contenues dans leurs coffrets; mais on annonçait qu'elles étaient suivies d'un grand caisson, qui n'est jamais arrivé, soit qu'il n'ait point été expédié, soit qu'il ait été pris en route.

Une heure après, une voiture apporta cent vingt fusils; et enfin, à six heures, quatre cents tirailleurs de la jeune garde, commandés par le chef de bataillon Savarin, vinrent compléter tous les moyens de défense que nous devions recevoir du gouvernement. Cet officier supérieur prend le commandement de la place, les renforts qui viennent de nous arriver sont immédiatement employés, les gardes nationaux non armés reçoivent les cent vingt fusils, et des munitions sont distribuées à tous les combattans. Les canons sont mis en position aux portes de la ville, sur l'emplacement qu'on leur avait destiné, savoir : deux, à la porte Paris ; deux à la porte Saint-Remy ; et deux au pont de la route d'Angleterre.

Le bataillon de jeune garde, joint à la garde nationale, portait l'effectif de nos combattans à mille hommes au plus. C'était avec une aussi faible garnison qu'il nous fallait défendre une ligne d'environ trois kilomètres de développement. Cent vingt hommes sont placés dans le grand parc de la Maison de la Légion-d'Honneur ; environ deux cents, aux meurtrières pratiquées dans les murs de l'ancien couvent des Annonciades, cent hommes vont occuper les épaulemens de terre établis à la porte Saint-Remy, que déjà des abattis d'arbres jetés sur la route rendent d'un accès difficile; cinquante hommes restent en observation au pont de Croult, sur la route de la Briche, et autant au pont du chemin de la Maison-de-Seine, sur le Ru de Montfort. Le pont sur la chaussée de la route d'Angleterre est gardé par cent vingt hommes, et cent vingt hommes également défendent la porte de Paris. Le reste, environ deux cent cinquante hommes de la jeune garde, réunis sur la place d'Armes, forment une réserve pour se porter où le danger serait le plus imminent.

Afin d'être avertis plus promptement dans cette circonstance, on posta, en vigie, sur une des tours de l'Abbaye, un officier chargé d'observer tous les mouvemens de l'ennemi, de nous signaler les points vers lesquels il se porterait, et où le secours de notre réserve deviendrait nécessaire.

Toutes nos dispositions étaient ainsi arrêtées, lorsqu'à sept heures du matin, un aide-de-camp du roi Joseph Napoléon vint s'informer de notre situation, et de l'esprit des habitans ; il ne resta que peu d'instans, et se retira satisfait, en nous promettant du renfort et des munitions. Mais il était trop tard, car une heure après la ville était investie par une forte division russe sous les ordres du général Kar-niloff.

A huit heures, on nous somma de nous rendre ; et sur notre refus, les hostilités commencèrent. Un feu de mousquetterie et d'artillerie s'engagea à la porte Saint-Remy, et fut d'abord assez vif. Des boulets, des obus et jusqu'à des balles tombèrent dans la ville et blessèrent quelques personnes. Nous répondîmes vigoureusement à cette attaque, mais avec un peu de désavantage, parce que l'ennemi se mettait à l'abri de nos coups derrière le parc de la Maison impériale, et ne se montrait que pour tirer. Cependant nos hommes firent bonne contenance, et guettant l'instant où il avançait pour faire ses décharges, le criblaient de balles et de boulets. Ils lui firent assez de mal pour le forcer à ralentir son feu. D'une autre part nos artilleurs. tiraient avec tant de justesse, qu'ils lui démontèrent une de ses pièces.

La vigie nous avait fait connaître qu'une grande partie de l'armée ennemie, qui débouchait de La Courneuve, suivait sa marche sur Paris, et qu'il ne restait guère qu'une division autour de Saint-Denis. A neuf heures, elle nous prévient qu'une colonne assez considérable de cette division se dirige vers la porte Paris. Une forte partie de la réserve se porte au pas de course sur le point menacé ; une vive fusillade s'engage, l'ennemi n'ose approcher, il se jette en embuscade dans le canal Saint-Denis dont le lit était encore à sec, et ne dépasse pas cette ligne, d'où il entretient, une partie de la journée, un feu de mousquetterie, auquel rispostent nos hommes placés derrière les meurtrières. Deux pièces ennemies battaient la porte Paris; nos canons, placés sur le rempart, répondent avec succès; leur feu bien dirigé fait taire cette batterie, et arrête la marche d'une colonne de cavalerie qui traversait la plaine comme pour se diriger vers Montmartre.

A une heure après midi, le feu des assiégeans cesse sur toute la ligne. Un parlementaire se présente à nos portes pour nous sommer, une seconde fois, de nous rendre. Il fut congédié avec un nouveau refus. Les hostilités furent donc reprises, mais avec moins de vivacité de la part de l'ennemi, qui parut vouloir s'en tenir à nous bloquer. Cependant, une heure après, il manifesta des intentions plus décidées; il tenta deux nouvelles attaques vivement poussées vers la porte Paris et vers celle Saint-Remy, qu'il cribla de mitraille. La porte Saint-Remy, défendue par ses deux pièces d'artillerie, protégée par un feu de mousquetterie, riposta vigoureusement et fit lâcher pied aux Russes.

Ils dirigèrent alors leur attaque sur le parc de la Maison impériale : bientôt une brèche est ouverte dans le mur d'enceinte ; mais les deux compagnies de jeune garde qu'ils y trouvent postées leur en imposèrent par leur contenance, et ils n'osèrent avancer pour engager le combat. Leurs efforts se tournèrent vers le Sud, où, à la faveur d'une seconde brèche faite dans le mur d'un clos particulier situé dans le voisinage de la porte Paris, ils s'emparèrent d'une maison d'habitation, d'où ils nous incommodèrent fort, et nous tuèrent même quelques hommes. On ne pouvait débusquer les Russes qu'en s'exposant à découvert à leur feu, tandis qu'ils étaient à couvert du nôtre. Le commandant Savarin empêcha toute tentative imprudente, et ordonna aux artilleurs de la porte Paris de pointer leurs pièces sur cette maison, et de la foudroyer. Cette manœuvre réussit complètement ; l'ennemi ne tarda pas à abandonner les lieux, et, à quatre heures, nous en prîmes possession. Ce succès nous était d'autant plus nécessaire que nos munitions commençaient à s'épuiser. Nos gardes nationaux, soldats plus braves qu'expérimentés, n'avaient pas toujours riposté aux aggressions de l'ennemi avec ce sang froid qui ne s'acquiert que quand on a combattu sur vingt champs de bataille ; emportés par leur ardeur, ils n'avaient point ménagé des munitions qu'ils devaient croire inépuisables, et qui, bien qu'insuffisantes, auraient peut-être pu durer un peu plus longtemps.

Pendant que les événemens que nous venons de raconter se passaient chez nous, on se battait avec acharnement à Saint-Chaumont, à Belleville, à Montmartre. La vigie postée sur la tour de l'Abbaye, nous rendait compte de ces luttes qui nous intéressaient aussi, en nous

prouvant qu'au moins nos efforts n'étaient
point isolés. Mais à peine avions nous débus-
qué les Russes de la maison d'où ils nous
avaient si fort incommodés, que nous apprî-
mes que dans toute la plaine les feux étaient
cessés depuis une heure. Cette suspension d'armes, dont nous ne pouvions deviner la cau-
se, nous donna quelque inquiétude; nous
pouvions supposer que l'ennemi était entré
dans Paris, et craindre que d'autres forces
ne fussent détachées contre nous. Il n'y avait
pas moyen de recevoir de nouvelles, et moins
d'espoir que jamais d'être secourus. Il était
six heures du soir, et nous avions achevé d'é-
puiser nos munitions; les autorités civiles se
réunirent pour engager le commandant à con-
sentir à négocier avec l'ennemi ; elles lui re-
présentèrent que l'honneur était sauf, puisque
chacun avait fait son devoir, et que les
moyens de défense manquant, il importait
de prévenir le dernier et le plus grand des

malheurs, en n'exposant pas la ville à être prise de vive force.

Le commandant résiste aux observations qui lui sont faites, il veut se défendre à outrance, et conserver le poste qui lui a été confié. Il manisfeste l'intention de se retrancher à la dernière extrémité, avec sa troupe, dans l'église de l'Abbaye, et de ne se rendre que lors que ses baïonnettes seraient émoussées.

Ce langage dans la bouche d'un militaire n'avait rien qui étonnât, mais la circonstance était impérieuse, une plus longue résistance pouvait compromettre le salut des habitans, sans offrir de chances plus heureuses ; les autorités insistaient donc, quoiqu'elles eussent peu d'espoir de changer la résolution du commandant, lorsqu'un incident nouveau vint mettre un terme à cette perplexité. Un troisième parlementaire se présente et annonce que Paris est rendu, que partout les hostilités ont cessé, et il ajoute que vouloir tenir plus longtemps, serait nous sacrifier sans utilité. Comme nous manifestions quelque doute, il offre de fournir toutes les preuves de ce qu'il avance.

Nous demandons alors que deux commissaires désignés par la ville puissent se rendre à Paris sous escorte, pour s'assurer par eux-mêmes de l'exactitude des faits. La proposition est acceptée. M. Gessard, l'un des adjoints du maire, et M. Lagoguée, officier de la garde nationale, s'offrent pour remplir cette mission ; ils se rendent auprès du général russe qui leur donne un de ses aides-de-camp, des chevaux et quelques cavaliers pour les accompagner.

Pendant ce temps, chacun reste à son poste dans l'attente des événemens.

Arrivés à la barrière Saint-Denis, MM. Gessard et Lagoguée la trouvent fermée ; en dehors elle est gardée par les troupes coalisées ; au-dedans par la garde nationale. La consi-

gne est de ne laisser entrer personne, et ils
ne peuvent pénétrer dans Paris. Le triste
spectacle qu'ils avaient sous les yeux, ne
leur confirmait que trop la funeste nouvelle
dont ils étaient chargés de s'assurer. Cependant ils ne peuvent revenir sans avoir parlé
à une autorité française ou étrangère, ou à
un chef supérieur quelconque. Ils se rendent
au quartier du général comte Langeron, qui
était établi aux Cinq-Moulins, au bas de Montmartre. Ce général, qui était né Français,
accueillit, d'abord, nos commissaires d'une
manière peu bienveillante ; il leur reprocha
notre ténacité à nous défendre, et presque
notre fidélité à nos sermens. « Général, dit
« avec dignité M. Gessard, nous devions le
« faire : vous êtes Français comme nous, et
« à ce titre, mieux que tout autre, vous devez
« comprendre tout ce qu'exigent l'honneur
« et la patrie. » Cette réponse ne le choqua
point ; l'entrevue même se termina mieux

qu'elle n'avait commencé ; et il leur remit une lettre de sa main, pour le commandant Savarin, dans laquelle il lui confirmait la reddition de Paris, et l'invitait à capituler, promettant que la ville de Saint-Denis serait respectée.

Dès que les commissaires furent de retour, le commandant Savarin écrivit au général Karniloff, pour l'informer qu'il était disposé à capituler, demandant que son bataillon fut traité comme la garnison de Paris, à laquelle on avait laissé la liberté de rejoindre l'Empereur. M. Lagoguée, accompagné cette fois de M. Ebingre, capitaine de la garde nationale, porta ces propositions au général, qui en référa au comte Langeron. Celui-ci, ne se croyant pas suffisamment autorisé, renvoya les commissaires devant le feld-maréchal Blucher. Ce maréchal, qui avait fait les guerres de la révolution et de l'Empire, et avait assisté à tous les revers que les Français

avaient fait éprouver aux armées prussiennes,
nourrissait contre la France une haine vio-
lente. Naturellement dur et hautain, énor-
gueilli d'une victoire qui ne faisait pas oublier
cent défaites, et que Napoléon pouvait encore
ravir aux troupes coalisées, il reçut nos envoyés avec des paroles de mépris et de colère,
refusa la demande, et déclara, sans que rien
eût nécessité une menace aussi rigoureuse, que
si, dans deux heures, la ville ne s'était pas
rendue, il la brûlerait et passerait la garnison
au fil de l'épée (1).

Ce ne fut qu'à huit heures du matin, le 31
mars, que les commissaires furent de retour,
rapportant cette réponse menaçante ; il fallut
subir la loi de la nécessité. Le commandant
Savarin, M. Gessard, maire – adjoint, le
commandant de la garde nationale, et deux
officiers de ce corps, furent chargés de traiter
de la capitulation avec le général russe. Ils se

(1) *Voy.* la note B à la fin de cette relation.

rendirent, à cet effet, aux avant-postes, où ce dernier les invita à venir à son quartier-général établi au Moulin-Basset, au levant de la ville. Là, ils trouvèrent réunis les officiers de l'état-major.

Les principaux articles de cette capitulation furent :

« Que le pouvoir civil resterait aux autorités françaises ;

» Que toute sûreté et protection seraient accordées aux habitans ;

» Que les propriétés publiques et particulières seraient respectées ;

» Que la garde nationale conserverait ses armes et continuerait son service ;

» Que la Maison impériale de la Légion-d'Honneur serait inaccessible à tout le monde;

» Qu'un poste de surveillance, exclusivement composé de gardes nationaux, y serait placé pour la sûreté de l'établissement. »

Le général Karniloff promit d'interposer ses bons offices auprès de qui de droit, en faveur de la garnison qui devait rester prisonnière de guerre. Les officiers conservèrent leurs épées, leurs chevaux, et tout ce qui leur appartenait; et les soldats, leurs bagages seulement.

Tout étant ainsi réglé, le 31 mars, à midi, la ville ouvrit ses portes, la garnison posa les armes, les postes furent relevés par les troupes russes, à l'exception de ceux de la Légion-d'Honneur et de la Mairie, qui continuèrent à être occupés par la garde nationale.

Le général russe fut étonné de la faiblesse de la garnison, qu'il s'attendait à trouver plus considérable. Dans ce triste moment, son étonnement fut un adoucissement à nos peines, et un véritable hommage rendu à la bravoure et à l'intrépidité de nos jeunes soldats et de notre digne milice citoyenne.

Les généraux et l'état-major prirent seuls

logement en ville , mais pour la nuit seulement ; ils partirent le lendemain pour Paris avec leur corps d'armée, emportant le plan de la ville , et emmenant la garnison prisonnière de guerre : le soir même, elle fut renvoyée à Saint-Denis, sous la garde des Russes, et quelques jours après rendue à la liberté.

Le colonel Nariskin fut laissé à Saint-Denis pour commander la place. C'était un homme jeune , instruit , et à la hauteur des idées de son siècle ; grâce à la bonne intelligence qui s'établit entre lui et le commandant de la garde nationale , l'ordre et la tranquillité furent maintenus par tout , et les charges que la ville eut à supporter furent réparties avec équité et discernement.

Le commandant Savarin, qui n'a passé que deux jours au milieu de nous , a déployé dans sa défense autant d'intelligence que de fermeté : il a su se concilier l'estime de tous ceux qui l'ont approché , et son nom restera longtemps en honneur dans notre ville : sa jeune garde, quoique composée de soldats nouveaux, a montré beaucoup de bravoure et de résolution.

La garde nationale, de son côté, a complètement atteint le but qu'elle s'était proposé : protéger la ville, empêcher le désordre et l'anarchie, et faire respecter la Maison de la Légion-d'Honneur (1). Cependant, il faut bien le reconnaître, un intérêt plus généreux, l'honneur national, est entré aussi pour beaucoup dans sa conduite. Elle attendait tout du génie et des efforts de l'homme extraordinaire qui nous gouvernait alors ; cet espoir soutint son courage, et doubla son dévouement.

Après les jours du danger, elle continua avec zèle et exactitude, un service aussi pénible qu'indispensable. Dans l'inévitable confusion qu'entraînait un si grand mouvement de troupes étrangères, qui logèrent dans la

(1) *Voy.* la note C, à la fin de cette relation.

ville ou qui la traversèrent, il lui a fallu autant de prudence que de fermeté pour résister aux prétentions d'une soldatesque qui
avait rêvé des représailles, et qui se croyait
en droit de tout exiger. Des concessions furent
quelquefois indispensables ; néanmoins son
accord parfait avec la garnison augmenta beaucoup sa force morale, et rendit son service
efficace.

Une communauté de dangers avait établi
chez elle une sorte de lien et de solidarité
qui lui fit oublier ses habitudes privées, pour
épouser les devoirs de sa position. Sa tâche a
été remplie honorablement, et elle s'est acquis
des droits incontestables à l'estime et à la
reconnaissance publiques. Plusieurs citoyens
ont reçu des blessures plus ou moins graves,
à la suite desquelles deux seulement ont succombé : le bataillon de la ligne a eu sept tués
et quatorze blessés (1).

(1) *Voy.* la note D, à la fin de cette relation.

La Maison de la Légion-d'Honneur n'a pu être mise à l'abri des inquiétudes que devait lui causer le retentissement du canon et de la mousquetterie; mais elle a été aussi respectée qu'aux jours de la paix la plus profonde ; et madame la baronne Dubouzet, surintendante, a déployé, dans le danger le plus imminent, une présence d'esprit et une sollicitude maternelle au-dessus de tout éloge, et qui justifiaient bien la confiance dont l'avait honoré Napoléon, en la plaçant à la tête d'un pareil établissement (1).

Ainsi s'est terminé, glorieusement, pour la ville de Saint-Denis, un événement dont l'heureuse issue, sinon certaine, avait été au moins espérée. Quoique jugées, dans le principe, bien diversement, il est difficile de ne pas reconnaître que les mesures qui avaient été prises ont seules amené ce résultat. Dans notre position, la résistance nous était, d'ailleurs,

(1) *Voy.* la note E, à la fin de cette relation.

impérieusement commandée. En considérant l'exemple d'une foule de communes qui furent pillées et dévastées, bien qu'elles se fussent livrées à l'ennemi sans coup férir, nous n'hésitons pas à dire que le parti qui fût pris, a été, à la fois, le plus honorable et le plus sage.

La ville de Saint-Denis, grâce à la résolution qu'elle a montrée, a peu souffert de l'invasion; elle peut se rappeler, avec un noble orgueil, d'avoir, avec une faible garnison, tenu en respect, à ses portes, une division entière de l'armée russe, et de ne s'être rendue que le lendemain de la capitulation de Paris; c'est-à-dire, au moment où toute résistance était devenue sans but et sans utilité.

Saint-Denis, le 1ᵉʳ Juillet 1841.

Le Commandant la Garde nationale en 1814,

G. Dezobry.

NOTES.

A.

« .... *Elle se souvint, qu'aux premiers temps de*
« *la révolution, sa garde nationale, sous le nom de volon-*
« *taires, etc.* »

A la bataille de Jemmappes, livrée aux Autrichiens par l'armée française, commandée par Dumouriez, le 6 novembre 1792, le bataillon de volontaires de Saint-Denis combattit sous les ordres du duc de Chartres, depuis duc d'Orléans, et aujourd'ui Roi des Français, sous le nom de Louis-Philippe Ier.

B.

« *Le maréchal Blucher..... reçut nos envoyés avec des*
« *paroles de mépris et de colère, etc.* »

C'est ce même maréchal, qui, en 1815, menaça de faire sauter le pont d'Iéna et de brûler l'Hôtel-de-Ville, si on ne lui donnait pas de suite 500,000 francs, joignant ainsi la brutalité du vandale à la plus basse cupidité.

Par ses ordres, une mine fut pratiquée sous l'une des arches du pont, on la fit jouer, mais la solidité du monument résista à l'ignoble tentative du Prussien.

C.

« La garde nationale, de son côté, a complétement at-
« teint le but qu'elle s'était proposé, etc. »

Les dames de la Légion-d'Honneur, voulant reconnaître la noble conduite de la garde nationale, au mois de mars 1814, et ses heureux efforts, pour protéger et défendre leurs personnes et leur établissement, résolurent de lui offrir un drapeau aux armes de France, portant une légende commémorative ; le tout brodé en or, et de leurs mains.

La cérémonie de la remise s'en fit au mois de juillet suivant. Ce jour là, le bataillon en grande tenue, musique en tête, vint parader et défiler dans la cour de la Maison Royale, puis recevoir des mains de madame la baronne Dubouzet, surintendante, en présence et aux acclamations de toutes les dames et de cinq cents jeunes demoiselles, cet étendard, dont le prix était singulièrement rehaussé, et par le motif et par le concours des personnes intéressantes qui en faisaient hommage.

La garde nationale reçut ce don avec autant de bonheur que de reconnaissance, et comme un gage fait pour l'attacher de plus en plus à ses devoirs, en lui rappelant sans cesse cette devise de l'ordre auquel appartient la Maison Royale de Saint-Denis : HONNEUR ET PATRIE.

Cette scène, digne des temps chevaleresques, et pleine d'émotions, a laissé de profonds souvenirs dans l'esprit de tous ceux qui en furent ou les acteurs ou les témoins.

D.

« Plusieurs citoyens ont reçu des blessures plus ou « moins graves, à la suite desquelles deux seulement ont « succombé. »

Les citoyens morts en combattant pour la défense de la cité et de la patrie, sont MM. LEBÈGUE (Nicolas-Guillaume), peintre en bâtimens, âgé de 44 ans ; et GRADT (Jean), cordonnier, âgé de 50 ans.

Le nom des blessés n'a point été conservé.

E.

« .... Madame la baronne Dubouzet, surintendante, « a déployé dans le danger le plus imminent, une présence « d'esprit et une sollicitude maternelle au-dessus de tout « éloge, et qui justifiaient bien la confiance dont l'avait « honorée Napoléon, en la plaçant à la tête d'un pareil « établissement. »

En disant que l'Empereur honora madame Dubouzet
de sa confiance, M. Dezobry n'a dit que la stricte vérité. Madame Dubouzet n'était encore que simple dame
à la Maison de la Légion-d'Honneur fondée à Écouen,
lorsqu'une petite épidémie éclata dans cette Maison.
Le mal avait assez de malignité pour qu'on crut nécessaire de séparer entièrement les jeunes malades de
leurs compagnes, et même d'établir un service spécial
pour elles seules. Madame Dubouzet demanda à être
chargée de la surveillance périlleuse de ce nouveau
service; elle s'enferma dans l'espèce de lazaret impro-
visé, et, à force de soins et de dévouement, eut le bonheur de diminuer les effets du mal. L'Empereur, qui
s'occupait beaucoup des filles de ses militaires, fut in-
formé de ce petit événement. Quelque temps après il
créa à Saint-Denis un établissement semblable à celui
d'Écouen (c'est aujourd'hui la Maison de la Légion-
d'Honneur), et ordonna à M. Delacépède, grand chancelier de l'Ordre, de lui soumettre une liste sur laquelle
il pourrait choisir la surintendante de la nouvelle Maison. Lorsque cette liste lui fut présentée, il la parcou-
rut rapidement, puis s'adressant au grand chancelier :
« Je ne vois pas ici, dit-il, le nom de la dame qui a soi-
gné mes jeunes filles d'Écouen. — Sire, je n'ai pas cru
devoir la présenter à V. M. pour un si haut emploi. —

Eh bien ! répartit l'Empereur en jetant la liste, c'est elle que je nomme surintendante de la Maison de Saint-Denis. »

Madame Dubouzet était une connaissance personnelle de l'Empereur.

Lorsqu'au mois de mai 1815, de retour de l'île d'Elbe, il vint visiter la Maison de la Légion-d'Honneur, il s'informa auprès de madame Dubouzet, avec tout l'intérêt qu'il portait à cet établissement, comment s'étaient passés les jours désastreux de l'occupation ennemie, et ceux plus néfastes encore qui l'avaient précédée. Instruit des heureux résultats dûs au courage de la garde nationale, il en témoigna hautement sa satisfaction à son commandant M. Dezobry, qui était présent, et, pour lui en laisser un gage durable, il lui envoya, peu de jours après, la croix de la Légion-d'Honneur.

EXTRAIT

*du Registre des délibérations du Conseil muni-
cipal de la ville de Saint-Denis.*

Séance du 10 août 1841.

Présens, MM.

Brisson, Maire-Président, Cosnard, Salle,
Fontaine, Lambert, Meurdefroy, Haguelon,
Giot, Lagoguée, Mesnager, Girard, Bazin,
Benoist, Bocquet, Brière, Braud, Baliat,
Boulant et Haguette, Conseillers.

Il est fait lecture d'une lettre adressée au
Conseil, par M. Dezobry, ancien Commandant
de la Garde nationale, contenant l'envoi d'une
Relation sommaire des événements qui se sont
passés à Saint-Denis, dans les mois de février
et de mars 1814.

A la demande de plusieurs membres, il est
également donné lecture de cette Relation, dans
laquelle la conduite de la Garde nationale,
dans ces mémorables événemens, ainsi que le
zèle et le dévouement de tous les citoyens,
sont retracés avec autant de justice que de
vérité.

Après cette lecture, qui a constamment cap-
tivé l'attention et excité l'intérêt du Conseil,
un membre propose d'agréer l'hommage de
ce récit, d'en ordonner le dépôt dans les archives de la Ville, et d'en voter l'impression.
« On ne saurait trop, dit-il, répandre et publier
les actes de courage et de patriotisme, et les
services que la Garde nationale a rendus dans
ces moments de crise, sont assez grands
pour mériter d'être signalés. En les pu-
bliant, le Conseil acquittera la dette de la
Ville envers elle, et excitera dans ses rangs
une noble et louable émulation. C'est en
honorant les belles actions, qu'on les mul-

tiplie, la reconnaissance fait éclore les dé-
vouemens. »

Un autre membre propose d'adresser à
M. Dezobry les remercîments qu'il a justement
mérités, en se rendant l'historien d'événements, qui sont, comme il le dit lui-même,
*des titres de gloire pour notre Ville en géné-
ral, et pour notre brave et digne Garde nationale en particulier*, et de saisir cette occasion
pour lui donner l'assurance que le Conseil
gardera toujours le souvenir des services
nombreux qu'il a rendus à la Ville, dans
les diverses fonctions qu'il a successivement
occupées, et dont il l'a vu, avec regret, s'é-
loigner.

Cette double proposition étant unanime-
ment accueillie, le Conseil pric M. le Maire
d'être, auprès de M. Dezobry, l'interprète de
ses sentiments, et décide que le manuscrit contenant la relation des événements de 1814,
dont il a fait hommage au Conseil, sera im

primé avec la lettre d'envoi et un extrait de
la présente délibération, et que l'original en
restera déposé dans la bibliothèque de la
Ville.

Pour extrait certifié conforme :

Le Maire, Président du Conseil municipal,
Chevalier de l'Ordre royal de la Légion-d'Honneur,

BRISSON.